Collectif sous la direction
de Roland Leclerc

UNE PRIÈRE
POUR
CHAQUE SOIR

LOGIQUES est une maison d'édition agréée et reconnue par les organismes d'État responsables de la culture et des communications.

Nous remercions le Conseil des Arts du Canada, le ministère du Patrimoine canadien et la Société de développement des entreprises culturelles du Québec pour leur appui à notre programme de publication.

Nous reconnaissons l'aide financière du gouvernement du Canada par l'entremise du Programme d'aide au développement de l'industrie de l'édition (PADIÉ) pour nos activités d'édition.

Révision linguistique: Monique Thouin
Mise en pages: André Lemelin
Graphisme de la couverture: Christian Campana
Illustration de la couverture: Karole Lauzier

Les Éditions LOGIQUES
7, chemin Bates, Outremont (Québec) H2V 1A6
Téléphone: (514) 270-0208 • Télécopieur: (514) 270-3515
Site Web: http://www.logique.com

conférence
de la pastorale
scolaire

UNE PRIÈRE
POUR
CHAQUE SOIR

Les Éditions
LOGIQUES

Une prière pour chaque soir

© Les Éditions LOGIQUES inc., 2000, pour la version française
© Conférence de la pastorale scolaire, 2000

Dépôt légal: premier trimestre 2000
Bibliothèque nationale du Québec
Bibliothèque nationale du Canada

ISBN-2-89381-680-0
LX-790

Distribution au Canada:
Québec-Livres, 2185, autoroute des Laurentides, Laval (Québec) H7S 1Z6
Téléphone: (450) 687-1210 • Télécopieur: (450) 687-1331

Distribution en France:
Casteilla/Chiron, 10, rue Léon-Foucault, 78184 Saint-Quentin-en-Yvelynes
Téléphone: (33) 01 30 14 19 30 • Télécopieur: (33) 01 34 60 31 32

Distribution en Belgique:
Diffusion Vander, avenue des Volontaires, 321, B-1150 Bruxelles
Téléphone: (32-2) 762-9804 • Télécopieur: (32-2) 762-0662

Distribution en Suis3se:
Diffusion Transat s.a., route des Jeunes, 4 ter, C.P. 1210, 1211 Genève 26
Téléphone: (022) 342-7740 • Télécopieur: (022) 343-4646

AVANT-PROPOS

Comme l'eau est bonne à boire
lorsqu'on a bien soif!
Les prières contenues dans ce
livre, écrites par des jeunes de
tous les coins de la province,
sont un peu comme une gorgée
d'eau fraîche.

«Avec les yeux du cœur», ces jeunes nous amènent à regarder le monde et la vie comme pour la première fois. Ils nous conduisent tout doucement sur les sentiers de l'émerveillement et nous suggèrent d'apprivoiser une présence, celle de Dieu, amicale et rassurante. Les mots de leurs prières ont une saveur réinventée.

Je me rappelle avec quel délice j'ai recueilli et savouré les prières inspirées de la chanson de Félix Leclerc «Moi, mes souliers». C'était il y a cinq ou six ans. J'ai appris par la suite que la Conférence de pastorale scolaire faisait un concours de prières chaque année, qui consiste à proposer aux jeunes l'écriture d'une prière. Je ne me suis jamais rassasié de toutes ces perles de poésie, d'inspiration joyeuse, d'intériorité sereine.

Alors que nous entrons dans un nouveau millénaire, les 365 prières pour chaque soir de ce recueil apparaissent comme autant de petites pierres blanches pour baliser notre recherche spirituelle. Les jeunes nous servent de guides.

Dans le geste tout simple où un parent et son enfant recueillent les moments de la journée avant d'aller dormir, l'instant d'une prière unit, pacifie, «ouvre à l'invisible, à tout ce qui se passe à l'intérieur».

Les jeunes auteurs de ces prières
deviennent des maîtres
en «recueillement».
Je les en remercie et souhaite que
leurs 365 gorgées d'eau fraîche
désaltèrent bien des chercheurs
de Dieu, petits et moins jeunes.

Roland Leclerc,
prêtre

1ER JANVIER

Que cette année qui commence
soit, pour tous ceux que j'aime,
remplie de joie et de paix.
Sois présent dans tous les cœurs.

Alexandre Simon
11 ans

2 JANVIER

Merci pour ta Création.
Merci aussi pour l'accueil et les
pardons que les personnes autour
de moi osent se donner.
Bénis-les.

Adrien Lapointe
9 ans

3 JANVIER

Merci, Seigneur, de m'avoir épaulée dans mes grands moments de difficultés. J'y ai reconnu mes vrais amis. Je t'ai même aperçu parmi eux.

Ariane Leblanc
11 ans

4 JANVIER

Je te demande de faire fondre la glace qui entoure mon cœur.
Fais-moi voir les autres sous un jour nouveau,
rempli de respect.

Véronique Carrier
12 ans

5 JANVIER

Aide-moi à être un pèlerin
en portant des sandales
pleines d'amour,
un bâton pour me soutenir
dans les obstacles
et pour aller sur un chemin
d'espérance.

Karine Lirette
11 ans

6 JANVIER

M'accrocher à la vie,
c'est ça qui compte.
Quelques bons amis, c'est ça la vie.
Il suffit de croire que l'espérance
est toujours en nous.

Maxine Lambert
9 ans

7 JANVIER

Seigneur, je manque d'humour et
ma générosité
est en train de fondre.
Donne-moi un sac géant de joie et
d'amour car la vie est triste.

Isabelle Delmaire-Blondin
9 ans

8 JANVIER

Aide-moi à accueillir
celui qu'on a tendance
à mettre de côté,
à dire ce qui me dérange,
à pardonner et à faire confiance
malgré les préjugés.

Jason Roy
10 ans

9 JANVIER

Ouvre mon cœur à ton Esprit pour
que toujours je me rappelle ta
présence et que chacun de mes pas
me rapproche un peu plus de toi.

Micheline Granger
10 ans

10 JANVIER

Aide-moi avec la douceur de ta paix à pardonner, à aimer mon prochain comme toi, le cœur plein de patience et de bonté.

Émilie Hébert
10 ans

11 JANVIER

Donne-moi la ténacité pour bien
étudier mes leçons.

Luc Fortier
10 ans

12 JANVIER

Aide-moi à respecter les
autres et apprends-moi à les aimer.
Aide-moi à accepter
d'autres opinions
que les miennes.

Stéphanie St-Georges
9 ans

13 JANVIER

Aide-moi à utiliser toute la volonté et la persévérance qui sont en moi pour réussir à atteindre mes objectifs.

Frédéric De Lasalle
9 ans

14 JANVIER

Si je suis seul je ne désespère pas.
Dieu marche avec moi sur la route.
Il est dans mon cœur.
Il me donne la joie et l'espérance.

Jean-Pierre Perron
10 ans

15 JANVIER

Merci de me donner la tendresse.
Elle jaillit par l'écoute, la paix, le
partage, la réconciliation, la joie, la
patience. Aide-moi à demeurer ce
bouquet d'amour.

Joanie Desgroseilliers
9 ans

16 JANVIER

Moi, mes souliers tiennent à te remercier, Seigneur, pour tout ce que tu as fait pour Félix et les chansons que tu lui as inspirées.
Merci!

Julie Vidal
11 ans

17 JANVIER

Dans ta miséricorde, aime-moi,
pardonne-moi, aide-moi à
surmonter les épreuves de la vie et
à vivre les moments difficiles dans
l'espérance.

Alexandre Savard
10 ans

18 JANVIER

Aide-moi à grandir dans l'amour.
Apprends-moi à devenir humble et
fais grandir ma foi.

Stéphanie St-Amour
10 ans

19 JANVIER

Tu illumines mon chemin,
tu m'aides à le retrouver
et à voir plus loin.
Je marche
et je ne me décourage pas.
Je te suivrai toujours.

Caroline Beaulieu
11 ans

20 JANVIER

Toi qui tiens le monde dans tes mains et qui es présent dans tout, aide-moi à grandir en aimant mon prochain.

Carl Leblanc
10 ans

21 JANVIER

Je fais le rêve que tous les enfants s'acceptent entre eux et se respectent.

Stéphanie Arcand
10 ans

22 JANVIER

Merci de m'avoir donné la vie.
C'est dans tes actes de tendresse
que je reconnais ton amour
de père.

Geneviève Michon
10 ans

23 JANVIER

Je suis chanceux d'avoir un papa et une maman qui sont toujours en vie. Protège-les des dangers.

Karine Leblanc
9 ans

24 JANVIER

Que la paix règne partout
sur la Terre.
Accorde la douceur aux personnes
qui vivent ensemble.

Raphaël Millette
9 ans

25 JANVIER

Fais jaillir en moi une source de bienveillance rafraîchissante pour les autres.

Jessica St-Amour

9 ans

26 JANVIER

Merci pour avoir mis sur ma route toutes ces personnes qui m'ont donné de la tendresse. Par elles j'ai appris à devenir «tendresse» pour les autres.

Sophie Miron
11 ans

27 JANVIER

Je prie quand je suis seul et quand tout va mal. Je sais que tu as une oreille attentive et ça me réconforte.

Jean-Simon Séguin
9 ans

28 JANVIER

Toi qui m'as aidée
alors que j'avais de la peine,
qui m'as écoutée
te confier mes secrets,
permets-moi de venir en aide
à mon tour
à mes ami
lorsqu'ils sont malheureux.

Bianca Larouche
9 ans

29 JANVIER

Oh toi, Dieu de l'espoir, toi, Dieu de la liberté, je marche en silence dans ta lumière, pour retrouver l'espoir de croire en une vie meilleure.

Carolane Fréchette
9 ans

30 JANVIER

Je rêve que plus personne ne se
fie aux apparences
mais aux qualités intérieures.

Audrey Robert
10 ans

31 JANVIER

Seigneur, j'ai souvent eu le goût de
tout lâcher,
tout abandonner, mais tu m'as
donné confiance.
Tu m'as donné le goût de foncer
sans me décourager.

Lisanne Barriault

11 ans

1ER FÉVRIER

Quand il fait froid dehors, je me sens toute petite et fragile. Mais ton amour me réchauffe le cœur et me fait me sentir une grande personne.

Tania Lauzon
9 ans

2 FÉVRIER

Toi qui es maître en matière
de tolérance, apprends-moi
à accepter les
personnes différentes de moi,
à m'accepter comme je suis,
à aimer
et à pardonner.

Pierre-Luc Lacroix
10 ans

3 FÉVRIER

Par Jésus tu es venu nous visiter avec un regard de tendresse. Avec toi, je veux aller vers l'autre et l'aimer, comme toi, avec tendresse.

Ève Levasseur-Marineau
9 ans

4 FÉVRIER

Je t'invite chez moi. Tu viens
apporter paix, joie et amour à ceux
qui ont un cœur de pauvre.
Merci pour tout
ce que tu nous donnes!

Bruno Cianflone
11 ans

5 FÉVRIER

La famille est un feu de joie;
parfois le feu s'éteint mais la
famille résiste toujours.
Donne-nous la force de garder
le feu allumé.

Marie-Lou Lacasse
10 ans

6 FÉVRIER

Remplis le cœur des enfants de
ton amour pour que la jalousie
n'existe plus.

Stéphanie Arcand
10 ans

7 FÉVRIER

Seigneur Jésus, depuis que je t'ai
reconnu sur ma route,
la joie et l'espérance ont rempli
mon cœur.

Caroline Bérubé

8 FÉVRIER

Je te remercie de m'avoir offert une famille si extraordinaire. Je me sens protégée et aimée.

Amélie Champagne
9 ans

9 FÉVRIER

Je souhaite qu'il n'y ait plus d'armes ni de violence dans le monde. Protège ma famille de tout ce qui pourrait lui faire du mal.

Bruno Lafortune
10 ans

10 FÉVRIER

Toi qui donnes le bonheur
à tous ceux que tu croises
sur ton passage,
aide-moi à te ressembler
en respectant les autres
comme ils sont.

Patrick Cyr-Gagné
9 ans

11 FÉVRIER

Merci pour la maman que j'ai. Grâce à elle, j'apprends à aimer et à aider. Avec ton aide, je serai toujours gentille avec elle.

Cassandre Leduc
9 ans

12 FÉVRIER

Aide-moi à avoir une bonne
influence pour réconcilier
mes amis.

Alexandre Boivin
10 ans

13 FÉVRIER

Aide ma famille à regarder la vie
avec des yeux pleins d'espoir.
Aide notre foyer à vivre
dans la tolérance.
Fais grandir l'amour
dans nos cœurs.

Sarah St-Georges
10 ans

14 FÉVRIER

Ta présence
est plus qu'une joie pour moi;
elle est une espérance sur le
chemin que je vais prendre.
Ainsi, je vois la lumière chaque
jour avec toi.

Marie-Noël Rivard
11 ans

15 FÉVRIER

Protégez les familles démunies et
tous les enfants du monde.

Mylène Gendron
9 ans

16 FÉVRIER

Remplis mon cœur de tendresse.
Fais de moi une porteuse de paix,
d'amour et de joie pour toutes les
personnes qui ont le mal de vivre.

Julie Marcil
12 ans

17 FÉVRIER

Seigneur, donne-nous à tous un
esprit de paix
et aide-nous à te voir
dans les cœurs des malheureux.
Donne-nous du courage
pour les aider.

Sylvain Lahaie
11 ans

18 FÉVRIER

Seigneur, je rêve d'un monde où nous vivrions heureux et en harmonie et où tous les jeunes auraient le courage de bâtir une paix durable pour l'avenir.

Kevin Vaudry
10 ans

19 FÉVRIER

Donne-nous la simplicité nécessaire
pour regarder les autres avec les
yeux du cœur.

Audrey Robert
10 ans

20 FÉVRIER

Merci de m'avoir donné
de bons parents.

Tommy Payette
9 ans

21 FÉVRIER

Ma famille a une grande
importance dans ma vie,
tout comme toi.
Elle m'apporte le réconfort, la joie
et le bonheur dont j'ai besoin.
Merci pour tout!

Anne-Marie St-Pierre
10 ans

22 FÉVRIER

Donne-moi l'écoute et l'attention
envers les autres.
Donne-moi le courage de faire des
gestes doux, tendres, gentils,
généreux et aimables.

Pierre-Marc Paré
9 ans

23 FÉVRIER

Merci pour notre superbe hiver et
ses montagnes enneigées.

Claudia Joyal-Laplante
10 ans

24 FÉVRIER

Je rêve que la paix s'installe dans le monde entier et que le racisme cesse, pour que toutes les races vivent en harmonie dans la justice et dans la joie.

Steve Gaudet
10 ans

25 FÉVRIER

Ouvre mon cœur
aux besoins des autres,
surtout les plus démunis.
Remplis mon cœur de bonté et de
tendresse pour les aimer et les
aider.

Marie-Hélène Paquin
11 ans

26 FÉVRIER

Esprit-Saint, je te demande que toutes les familles vivent en harmonie dans le monde et qu'elles sèment la joie et l'amour.

Pierre-André Bertrand
10 ans

27 FÉVRIER

Aide-moi à être bon. Je suis toujours heureux de pouvoir aider, même si je ne fais pas grand-chose et même si les autres ne le remarquent pas. Toi et moi le savons.

Guillaume Tremblay
10 ans

28 FÉVRIER

Donne-moi la détermination pour
être à la hauteur de la vie qui
s'ouvre devant moi.

David Marsolais
10 ans

29 FÉVRIER

Je veux te remercier pour m'avoir
donné une famille pleine de vie.
Que notre maison soit une oasis de
paix et de mutuelle confiance.

François Boucher
9 ans

1ER MARS

Je voudrais que tu sois mon ami
pour toujours et que tu ne quittes
jamais mon cœur.

Aline Castonguay
9 ans

2 MARS

Je rêve que mes compagnons
m'acceptent comme je suis.

Danny Dupuis
10 ans

3 MARS

Nous sommes encore de bien
jeunes pèlerins et il nous reste
un long chemin à parcourir.
Dans ce pèlerinage, guide-nous
dans la joie et l'espérance.

Nadia Moreau
10 ans

4 MARS

Merci de me donner le plus beau
des cadeaux: une famille qui
m'apprécie comme je suis.

Luc-André Grégoire
10 ans

5 MARS

Pour la neige qui tombe, pour l'été
qui reviendra, pour la vie sur Terre
et pour tous ceux qui s'aiment,
merci !

José Spinoza
9 ans

6 MARS

Prête-moi ton cœur
pour que j'aime comme tu aimes
et tes yeux pour que
je voie les autres
comme tu les vois.

Byanka Bourdon
9 ans

7 MARS

Moi, mes souliers me conduisent
vers les autres.
Ils me disent: «Aime, accepte,
pardonne, aide et partage.»
Ils me parlent de tendresse. Moi,
mes souliers me mènent vers toi
Jésus!

Trina Lopez
11 ans

8 MARS

Je souhaite que la paix règne sur la Terre. Que l'on pense davantage aux enfants qui ont peur de la guerre et qui rêvent de vivre dans une famille joyeuse.

Dany Massé
10 ans

9 MARS

Seigneur, tu m'accompagnes
sur la route.
Guide-moi dans mes difficultés et
mes projets,
Éclaire mes décisions.
Sois en moi et par moi,
source de bonté et de paix.

Benoit Forget
12 ans

10 MARS

Je n'aime pas blesser les autres.
Pardonne-moi mes offenses et
apprends-moi à être bon.

Alexandre Dubeau
11 ans

11 MARS

Je t'adresse cette prière pour te demander de m'aider à ouvrir mon cœur aux autres et à semer de la tendresse partout où j'irai.

Marie-Pier Dubuc
10 ans

12 MARS

Je fais le rêve
d'avoir le cœur solide et
de retrouver la santé pour l'avenir.
Je rêve de vivre
et j'ai confiance en toi.

Steven Rivest
10 ans

13 MARS

Merci pour les rivières qui dégèlent, la vie qui renaît et les bourgeons qui éclatent.

Janie Degrandpré
9 ans

14 MARS

Que les pauvres mangent à leur
faim et que tous ceux qui ont
besoin d'amitié en trouvent
autour d'eux.

Stéphane Kasysongdeth
10 ans

15 MARS

Quand je regarde mon bébé frère,
je constate la vie en lui. J'espère
qu'il deviendra un bel exemple de
ton amour et de ta bonté.

Karine Puglia
11 ans

16 MARS

Merci pour le calme infini de l'hiver
et la liberté du doux vent d'été.

Lyne Lamarre
9 ans

17 MARS

Ce soir, j'ai envie de te dire merci d'être présent, merci d'être là, à l'écoute. Tu es mon meilleur ami.

Sylviane Michaud
10 ans

18 MARS

Ton printemps nous fait découvrir
les ruisseaux qui coulent, les
oiseaux qui roucoulent et les
bourgeons qui éclosent.
La nature nouvelle m'émerveille car
la terre sent la vie qui s'éveille.

Kim Dumas
10 ans

19 MARS

Je marchais seule
sur la route de ma vie,
je n'avais personne à qui parler.
Tu es alors venu comme une
lumière dans mon cœur.

Catherine Bessette
10 ans

20 MARS

Fais que j'ouvre mes yeux à la
misère des autres,
que j'ouvre mes bras pour consoler
leurs peines, que j'ouvre
mon cœur pour répandre ton
amour.

Sophie Perreault
11 ans

21 MARS

Tu m'as fait marcher sur le chemin
de la vie, là où le printemps
m'attendait, et tu m'as épanoui par
tes merveilles.

Jean-Simon Tremblay
10 ans

22 MARS

Reste chez nous, Seigneur.

Louise-Andrée Sylvestre
10 ans

23 MARS

Merci d'avoir créé le printemps.
Les bourgeons qui éclatent sont
une explosion de ta vie.

Marie-Anne Marchand
9 ans

24 MARS

J'aimerais que tous les enfants
pauvres aient un toit et de la
nourriture. J'aimerais aussi qu'ils
sachent que tu es là pour eux.

Julie Turcotte
11 ans

25 MARS

Chaque printemps, on peut
découvrir tout au fond, bien caché
dans les bourgeons qui s'éveillent,
l'amour oublié par chacun de nous.
Un grand merci à toi, bon
Créateur!

Xavier Dubuc
11 ans

26 MARS

Regarde nos familles avec bienveillance. Que chacune devienne ce lieu privilégié où parents et enfants se sentent reconnus pour ce qu'ils sont.

Amélie Côté
10 ans

27 MARS

Seigneur, aide-moi à savoir
comment exprimer ce cri du cœur
qui est en moi. Aide-moi à faire
fleurir la tendresse qui fait
sourire et grandir de joie.

Annie Bordeleau
11 ans

28 MARS

Le printemps, c'est la saison de la renaissance. Seigneur, cette saison tu l'as choisie tout spécialement pour nous faire le message de ne pas lâcher. Merci.

Éric Lauzon
12 ans

29 MARS

Toi qui as consacré ta vie pour
nous, ouvre notre cœur
au service des autres
afin d'être le signe
de ta présence parmi nos frères.

Sonia Coutu
11 ans

30 MARS

Lorsque je vois la nature s'éveiller au printemps, je sens en moi le goût de vivre. Merci, Seigneur, pour cette beauté et pour les merveilleux sentiments que j'éprouve.

Émilie Chicoine
10 ans

31 MARS

Je te demande avec tout mon cœur de protéger ma famille afin qu'elle puisse vivre dans la joie et l'amour toute la vie.

Mélanie Lamothe
10 ans

AVRIL

1ER AVRIL

Guide-moi, Seigneur,
sur la route de la tolérance,
aide-moi à choisir la bonne voie,
celle qui mène à toi.

Jadwiga Gasiorek
12 ans

2 AVRIL

Soutiens-moi dans tout
ce que j'entreprends.
Éclaire-moi et guide-moi pour que
je prenne les bonnes décisions pour
grandir et faire grandir les autres.

Valérie Larose
11 ans

3 AVRIL

Merci, Seigneur, pour tous ces
champs verts montagneux
renaissant chaque printemps, et
aussi pour toutes ces cascades qui,
en dégelant, font revivre en tous
un cœur d'enfant.

Jean-Philippe Dufresne
12 ans

4 AVRIL

Ta tendresse est ma source de vie.
Ta tendresse me rend forte
et courageuse, capable d'aimer
et d'accepter les autres.

Roxane Wilscam
9 ans

5 AVRIL

Au printemps,
la nature renaît à la vie.
Quel spectacle féerique! Ceci me
rappelle l'éveil de ma foi en toi.
Pour toutes ces merveilles,
Seigneur, je te dis MERCI.

Geneviève Simard
10 ans

6 AVRIL

Je suis fière de la vie!
Je la trouve tellement belle!
C'est passionnant de voyager
dans l'espérance et la joie.
Merci d'être avec moi.

Kathy Carrière
10 ans

7 AVRIL

Moi, mes souliers, Seigneur, je les mènerai partout, en proclamant ta parole pour prouver que toi, tu es la lumière du monde entier.

Jérôme Lafleur
11 ans

8 AVRIL

Aide-moi à donner des caresses,
à combattre le mal
pour que règne la paix.

Philippe Berthiaume
9 ans

9 AVRIL

Quand je vois un bébé naissant, je pense au miracle de la vie. Je voudrais que tous les bébés soient aimés et soignés.

Ariane Picard
9 ans

10 AVRIL

Toi qui fais renaître de l'hiver les
fleurs, les bourgeons et la vie,
fais que je reconnaisse
ton signe de vie.

Frédéric Brasseur
10 ans

11 AVRIL

Merci de m'avoir donné une famille qui me comprend, m'encourage, me soutient et m'aide à réaliser toutes mes expériences de vie.

Dominic Gravel
10 ans

12 AVRIL

Je rêve de réussir ma vie et surtout de la vivre à fond. Je compte sur toi pour m'aider à affronter et surmonter les obstacles.

Guyaume Robitaille
10 ans

13 AVRIL

Je t'implore pour qu'aucune
discorde ne nous sépare
de ton amour.

Jessica St-Amour
10 ans

14 AVRIL

Ouvre le cœur de nos dirigeants politiques et remplis-les de générosité et de compréhension.

Yannick Provost-Pilon
10 ans

15 AVRIL

Esprit saint, je veux que tu restes
en moi à tout moment.
Aide-moi à découvrir un monde
plein d'amour et de paix.

Tania Johnson
10 ans

16 AVRIL

Pour combler ma soif, répands de l'amour dans le monde. Nourris les petits comme les grands, les pauvres comme les riches.

Pierre-Olivier David
10 ans

17 AVRIL

On sent que bientôt, il n'y aura plus
de froid et que la vie reprendra.
Dans mon jardin, les plus belles
fleurs seront pour toi.

Suzanne Blanc
10 ans

18 AVRIL

Moi, l'enfant qui te visite
quotidiennement pour nourrir mon
cœur, j'aurais besoin de quatre
kilos d'amour, sept pincées
d'humour et du fil
pour réparer mes erreurs.

Marie-Claire Tremblay
9 ans

19 AVRIL

Quand je me sens croche, je cherche partout pour voir s'il y aurait de l'espoir quelque part… et c'est toujours en priant que j'en trouve.

Michaël Mantha
9 ans

20 AVRIL

Les saisons représentent les
étapes de la vie
et je t'en remercie.
Surtout pour le printemps, où la
nature renaît vivement.
Les oiseaux, les fleurs, tout revit
pour toi.

Karine Blanchet
11 ans

21 AVRIL

Donne-moi la sagesse de réfléchir
à mes paroles et à mes gestes
envers les autres.

Claudia Joyal-Laplante
9 ans

22 AVRIL

Si je pouvais aimer les autres
comme tu nous aimes et écouter
les autres comme tu m'écoutes,
tous les jours seraient une fête
pour moi.

Pascal Lajeunesse
9 ans

23 AVRIL

Frêle fleur de printemps, permets-
nous un moment de songer à celui
qui nous aime et embellit nos vies.
Printemps, fais renaître en nous
ces sentiments importants:
reconnaissance et amour.

Sandra Gemme
11 ans

24 AVRIL

Tu es une source de bonheur
incomparable, avec ta bonté tu
nous aides à surmonter nos
difficultés quotidiennes.
Viens en aide aux familles
déchirées par la séparation.

Stéphane Nobert
10 ans

25 AVRIL

Sucreries d'amour
Deux bisous tous les jours
De la joie dans la foi
Du bonheur pour le cœur
De l'affection pour toutes
les raisons.

Joannie Fardeau
9 ans

26 AVRIL

Aide-moi à aimer mes ennemies.
Ouvre mon cœur.

Catherine Rioux
9 ans

27 AVRIL

J'avais de la pluie dans mon cœur;
tu m'as donné une lueur de soleil,
une lueur d'espoir.
Cette lueur m'a permis de
retrouver le bonheur.

Vanessa Gagnon
9 ans

28 AVRIL

Merci pour la tendresse que tu me
donnes chaque matin.
Je sens mon cœur envahi d'amour.
Je me lève et j'ai le goût de tout
partager.

Maxime B. Laramée
9 ans

29 AVRIL

Toi qui me guides, fais de moi
un vrai pèlerin qui saura se lever
de bon pied le matin
et poursuivre droit son chemin
sur tes pas.

Luc Leclerc
11 ans

30 AVRIL

Toi qui nous guides toujours vers l'amitié et le bonheur, tu nous aides à devenir plus aimables et plus accueillants.
Tu fais de nous des témoins.

Karine Robidoux
9 ans

1ER MAI

Aide-moi à aimer comme tu aimes,
à voir les autres comme tu les vois.

Amélie Champagne
10 ans

2 MAI

Je rêve que les enfants aient les mêmes droits que les adultes comme je rêve que les gouvernements puissants rétablissent l'harmonie avec les pays du Tiers-Monde.

Mylène Bellerose
10 ans

3 MAI

Aide-moi à aimer les autres
comme je t'aime.

Valérie Prud'homme
9 ans

4 MAI

Merci pour le printemps qui met de
la joie dans mon cœur d'enfant.
Merci pour cette brise légère qui
me rappelle la tendresse
que tu me révèles.

Marie-Kristine Carrier
9 ans

5 MAI

La tolérance est comme un champ;
il faut semer le grain et
en prendre soin pour avoir une
belle récolte. Mon Dieu,
faites que le champ de chacun
soit cultivable.

Pierre-Emmanuel Dufour
10 ans

6 MAI

Que de continents en pays, de villes en villages, la tolérance règne dans toutes les familles et dans tous les cœurs.

Kim Dumas
9 ans

7 MAI

Toi qui veilles sur mère Teresa,
aide-nous à faire comme elle.
Aide-nous à ouvrir notre cœur
envers les pauvres et les gens qui
ont besoin d'amour.

Michelle Fortin
10 ans

8 MAI

Aujourd'hui, j'ai compris
l'importance de la famille.
Je te demande de m'aider à faire
grandir l'amour et le respect
dans la mienne.

Karine Côté
11 ans

9 MAI

Tu me nourris quand je suis
triste et que je prie.
Tu me redonnes le goût de vivre,
la force de poursuivre mon chemin.
Continue d'alimenter mon cœur!

Maxime Cayer
10 ans

10 MAI

Toi qui as le pouvoir de remplir les
cœurs d'amour, donne-nous le
pouvoir de semer joie
et espoir dans ce monde.

Mélissa Michaud
10 ans

11 MAI

Le plus beau cadeau que tu nous as offert est l'espoir car, en donnant ta vie, tu nous apprends à continuer de voir au-delà des choses.

Karen Leclair-Gagné
11 ans

12 MAI

Tu éclaires ma vie et mon chemin.
Tu es un guide
qui réjouit mon cœur.
Tu es toujours avec moi dans mes
joies et dans mes peines.

Patrick Bréboeuf
10 ans

13 MAI

Toi qui t'es montré bon, patient et tolérant, aide-moi à accepter les gens différents, à les regarder comme toi tu les vois.

Mylène Gendron
10 ans

14 MAI

Merci, printemps, pour ton soleil
qui réchauffe.

Julie Brissette
9 ans

15 MAI

Que mes parents soient en santé
longtemps et que ceux qui
m'entourent aient le bonheur
et la joie.

Matthieu Roy
9 ans

16 MAI

Dieu, pour certains la tendresse n'est qu'un geste gentil ou une parole douce. Pour moi, c'est toi cette tendresse.

Gabriel Senécal-Lajeunesse
9 ans

17 MAI

Merci pour la douceur
que tu me donnes.
Aide-moi à répandre la paix comme
un vent de confiance.

Sandra Martel
11 ans

18 MAI

Mon petit frère, ma petite sœur,
ma mère et moi
n'avons pas beaucoup d'argent.
Protège-nous, nous avons
besoin de toi.

Robert III Brûlé
10 ans

19 MAI

Éclaire mon cœur de ta lumière
aussi puissante que ton amour.
Fais de moi un de tes outils de
travail pour que je puisse
ainsi aider le monde.

Yann Chevalier
12 ans

20 MAI

Je fais de mon mieux pour réaliser
mon rêve: avoir un bon métier,
réussir ma vie. Donne-moi force et
persévérance pour atteindre
mon objectif.

Gabrielle B. Marineau
10 ans

21 MAI

Merci de faire grandir en moi la fidélité car je vis davantage en harmonie avec ceux que j'aime.

Patrick Sylvestre
9 ans

22 MAI

Dieu, ouvrez-moi la porte de votre
magasin car il me manque
une poignée de respect
et une goutte d'espoir pour
créer ma recette d'amour.

Maxime Verreault
9 ans

23 MAI

Tu me fais marcher sur le chemin de la tolérance. Change mon cœur pour que j'admette chez les autres des manières différentes de penser et d'agir.

Marie-Ève Pagé
10 ans

24 MAI

Comme un grain de sénevé, l'amour
croît, donne des fruits de paix,
de joie et de bonheur.
Une fois l'amour récolté, je dois le
semer encore et toujours.
Fais de moi
un vrai cultivateur d'amour.

Éric Lacasse
11 ans

25 MAI

À mon baptême, tu m'as offert
une destination:
un beau et grand voyage
à la suite de Jésus.
Donne-moi la force de faire
ta volonté.

Mélissa Hébert
11 ans

26 MAI

Père, pour mon cœur, je te
demande de me donner une brise
d'espoir, pour que la vie qui est en
moi s'accroche à un rêve
plein d'amour.

Audrey Provencher-Côté
10 ans

27 MAI

Moi, mes souliers presque neufs
et bien cirés ne demandent
qu'à marcher.
Éclaire mon chemin
afin que je voie bien.
Aide-moi à goûter chacune
de mes journées.

Cynthia Hamel
9 ans

28 MAI

Le filtre de l'amitié:
Deux grands verres d'amour
Une pincée d'humour
Trois grands sacs de politesse.
Il faut bien agiter et voilà le début
d'une nouvelle amitié.

Mathieu Desroches
9 ans

29 MAI

Seigneur, un monde nouveau, où
chacun ouvre grand son cœur
au service et à l'amour de son
prochain, serait si beau!
Aide-nous à le faire.

Isabelle Lavoie
10 ans

30 MAI

Tendresse dans mon cœur, dans ma
tête, dans ma peine, dans ma joie.
Finalement, tout en moi, Seigneur,
respire ta tendresse.
Aide-moi à la semer
dans le jardin voisin.

Corinne Bergeron-D'Amours
9 ans

31 MAI

Esprit de Dieu, transforme mon cœur pour que je sois porteur de joie et d'amour dans ma famille et partout autour de moi.

Jean-Luc Gingras
10 ans

1ER JUIN

Je m'accroche à la vie sans perdre espoir et je commence de plus en plus à y croire parce que, avec Jésus, je suis près de la victoire.

Steven Cousineau
10 ans

2 JUIN

Moi, mes souliers escaladent des
montagnes pour apprendre à
pardonner, surmontent beaucoup
d'épreuves pour partager.
Avec eux, Seigneur, je te dis merci
pour le bonheur grâce à eux.

Geneviève Lacroix
11 ans

3 JUIN

Quand j'entends le chant des
oiseaux, je t'entends.
Quand je vois le soleil, l'eau et les
montagnes, je te vois.
Toi, qui purifies nos vies, mets
l'amour dans nos cœurs:
je te dis merci.

Mélanie Forget
12 ans

4 JUIN

Sois loué, Seigneur, pour le soleil
qui nous réchauffe et nous éclaire.
Sois loué, Seigneur, pour l'eau qui
étanche notre soif
et fertilise nos terres.
Sois loué, Seigneur, pour les fleurs
qui embellissent la nature
et sentent bons.

Mathieu Catala
11 ans

5 JUIN

Tu me nourris tous les
jours quand j'ai des difficultés,
des peines, des joies.
Tu es pour moi mon
soutien de tous les moments.

Rose-Marie Nolet-Simard
11 ans

6 JUIN

Tu es amour dans nos cœurs, tu es amitié dans nos paroles, tu es partage dans nos gestes et tu es sagesse dans nos vies.

Alexandre Larivière-Pageot
10 ans

7 JUIN

Donne-moi ton cœur et je serai
plus ouvert aux personnes
qui vivent autour de moi.
Donne-moi tes yeux et je les verrai
avec plus de tolérance.

Stéphanie Bernard
10 ans

8 JUIN

Je te demande la force et le
courage d'être un bon fils
pour mes parents.

Mathieu Deschenes
9 ans

9 JUIN

Je rêve de devenir une avocate
pour dénoncer les injustices.

Marie-Pier Forget
10 ans

10 JUIN

Moi, mes souliers marchent sur ton chemin, Seigneur, mais parfois ils se perdent. Ils finissent par se retrouver grâce à ta lumière qui éclaire le monde. Merci!

Josianne Pinet
11 ans

11 JUIN

Efface nos mauvaises pensées.

Michael P. Desrochers

9 ans

12 JUIN

Que le racisme diminue, que les
humains vivent dans la paix,
peu importe leur couleur
ou leur origine.
Que ta parole sème la tolérance
dans les cœurs.

Christophe Lachance
9 ans

13 JUIN

Seigneur, dans mon cœur il me manque quelques ingrédients de bonheur.
J'irai dans ton magasin pour apaiser mon chagrin. Quand je reviendrai, tout sera transformé.

Jessica Garneau
10 ans

14 JUIN

Pourquoi?
Pourquoi la haine
dans nos familles?
Pourquoi le divorce?
Pourquoi tant de problèmes graves
dans nos familles?
Aide-nous à trouver la réponse.

Philippe Gohier
11 ans

15 JUIN

Viens remplir mon cœur d'amour.
Rends-moi fidèle à ta parole.
Fais-moi ressentir ta présence en
moi et guide ton Église.

Christian Pagé
10 ans

16 JUIN

Que la lumière du cœur illumine la vie et que la principale pensée de l'humain soit l'amitié pour toujours.

Charles-Alexandre Gaudreault
10 ans

17 JUIN

Je rêve de garder ma grand-maman le plus longtemps possible près de moi. Elle seule sait trouver les mots pour me consoler quand j'ai de la peine.

Émilie Fortin
9 ans

18 JUIN

Je te prie pour ceux et celles qui sont dans la misère et qui ne voient pas la lumière. Seigneur, fais que je sois pour eux un signe de tendresse.

Marie-Pier Marchand
10 ans

19 JUIN

Seigneur, j'ai besoin
d'une nourriture
très consistante.
Elle doit contenir des
protéines de partage, des
vitamines de catéchèse, du
féculent d'amour et pour
couronner, d'un goût de charité.

Antoine Soucy-Fradette
9 ans

20 JUIN

J'aimerais être plus tolérante et
être plus patiente avec
mon frère et mes parents.

Isabelle Gagnon
10 ans

21 JUIN

La beauté de ton été est comme
une clé qui ouvre mes pensées.
Quand je songe aux fleurs
multicolores, ça m'aide à prier.
Merci de m'offrir tes merveilles!

Isabelle Maréchal
10 ans

22 JUIN

Tu me donnes douceur et bonté.
Lorsque j'ai peur, tu me rassures.
En mon cœur, tu es là.
Je te demande d'y rester.

Andrée Béliveau
10 ans

23 JUIN

Tu sais que, des fois,
je manque de tolérance.
Tu es toujours là et tu me donnes
le courage de me reprendre.
Tu me pardonnes. Je crois en toi.

Hugo Courtemanche
11 ans

24 JUIN

C'est un jour de fête aujourd'hui et, si on pouvait s'aimer et se respecter un peu plus, ça serait la fête tous les jours.

Annie Léveillé
10 ans

25 JUIN

Merci pour m'avoir donné l'été,
cette saison remplie de joie et de
gaieté. Les arbres s'épanouissent
comme mon cœur. Les fleurs
s'ouvrent comme mes mains.

Julien Laramée
9 ans

26 JUIN

Quand je regarde un ruisseau, je
me rappelle que tu es la vie.
Lorsque je vois la fleur,
je pense à ton amitié.
Tout, dans la nature,
me rappelle ta présence.

Chantal Valiquette
11 ans

27 JUIN

Aide-moi à choisir le bon chemin,
celui de l'amour, de la joie,
de la responsabilité.
Que les sept dons m'éclairent pour
ainsi devenir meilleur.

Michaël Blackburn
11 ans

28 JUIN

Je rêve que toutes les personnes en difficulté, les malades et les handicapés trouvent en toi la force et le courage pour découvrir la beauté de la vie.

Alexandre Gaudet
10 ans

29 JUIN

Je voudrais que tous prennent soin
de notre planète,
de l'air et de l'eau.

Michel Laroche
9 ans

30 JUIN

Il est un petit geste
qui s'appelle la tendresse.
Il apporte comme toi, Seigneur,
beaucoup de bonheur.
Je t'en prie, remplace la tristesse
par une pluie de tendresse.

Josée Bergeron
9 ans

JUILLET

1ER JUILLET

L'été me rappelle ta bonté et ta chaleur dans mon présent.

Isabelle Gagnon
10 ans

2 JUILLET

Pour ta lumière,
pour l'amour que tu donnes,
pour l'aide que tu nous apportes,
pour les choses que tu nous offres,
sois loué, Seigneur.

Stéphanie Théroux
10 ans

3 JUILLET

Nourris mon esprit
d'amour, de paix et de générosité
pour me faire grandir
dans l'harmonie.
Enseigne-moi comment pardonner
et partager avec les autres.

Antoine Brosseau-Wery
10 ans

4 JUILLET

Toi qui formes paix et justice,
fais que la guerre cesse et que le
monde s'aime à jamais.
Ouvre le cœur des gens à la misère
des pauvres.

Manon Longuépée
11 ans

5 JUILLET

Ouvre mes yeux pour que je voie
tout ce qu'il y a de beau autour de
moi. Ouvre mon cœur, pour que je
donne la joie, que j'aide ceux
qui en ont besoin.
Apprends-moi à aimer.

Lysiane Legault
11 ans

6 JUILLET

Apprends-nous à être plus
tolérants envers les autres.
Envoie-nous ton Esprit pour nous
donner la force et la
patience pour vivre ensemble
dans la paix.

Julie Gauthier
9 ans

7 JUILLET

Moi, mes souliers m'ont conduite
jusqu'à Jésus.
Depuis ce temps-là,
j'ai un ami que j'aime beaucoup.
Je lui dis tout.
Merci de ton amour.

Isabelle Dufour
10 ans

8 JUILLET

Pour le chant des oiseaux,
je t'écoute!
Pour les ruisseaux, montagnes,
forêts, je te vois!
Pour tout ce qui est là, c'est toi!
Merci, Seigneur, pour ton été!

Claudie Gagné
9 ans

9 JUILLET

Que ta paix soit sur le monde et
que les guerres se taisent à jamais
pour que les enfants ne
connaissent plus la violence.

Marc-André Morin
10 ans

10 JUILLET

Donne-moi ta patience, ton amour
et ton amitié envers ceux que
j'aime moins.

Marie-Josée Martin
9 ans

11 JUILLET

Merci d'avoir créé l'été. Cela me permet de me réveiller au merveilleux chant matinal des oiseaux, aux petits cris des criquets ou aux longs chants des cigales.

Véronique Dufresne-Beauchamp
10 ans

12 JUILLET

Merci, mon Dieu, pour les beaux
étés chauds que tu nous offres
chaque année.
Avec bonheur, je les accueille dans
mon cœur pour me rappeler la
vraie joie.

Julien Lavoie
11 ans

13 JUILLET

Je te suivrai
sur la route du bonheur.
Pauvre en dehors
et riche en dedans.
Tu nous mènes vers une terre
pleine d'amour.
Je t'en remercie.

Catherine Labbé
10 ans

14 JUILLET

Donne-moi le pouvoir d'aimer
comme je suis aimé,
de donner comme je reçois,
d'aider des personnes en difficulté
comme je suis aidé.

Pierre-Marc Paré
10 ans

15 JUILLET

Moi, mes souliers donnent de l'amitié et de l'amour à mes amis. Moi, mes souliers collaborent avec des plus petits.

Marie-Claire Beaucage
11 ans

16 JUILLET

Fais que mon sourire apporte
la joie, que mon humeur donne la
paix et que mon regard
transmette l'amour,
car c'est en repoussant la haine
que l'on cultive notre bonheur.

Caroline Nadeau
12 ans

17 JUILLET

Illumine mon cœur de patience
et de bonté.
Merci pour la joie
que tu me donnes.
Je l'offre pour les personnes qui
me sont chères.

Viviane Vachon
10 ans

18 JUILLET

Esprit de paix, protège ma famille.
Esprit d'amour, fais régner l'amour
partout dans ma famille.
Esprit de partage, donne tout ton
amour à toutes les familles du
monde.

Patrice Desrosiers
9 ans

19 JUILLET

Merci de m'avoir
donné la paix et l'amour.
Ton Esprit si doux,
je le sens en moi.
Mon cœur est rempli de joie
et de bonheur.

Joël Tanguay
9 ans

20 JUILLET

Fais que ma journée demain soit plus belle qu'aujourd'hui. Remplis mon cœur d'espoir tous les jours.

Maxime Legrand
11 ans

21 JUILLET

Seigneur, je vois tellement de
souffrance dans le monde,
ouvre mon cœur
à cette misère des autres
pour qu'avec toi je fasse les bons
gestes envers mes frères.

Martin Ouellet
10 ans

22 JUILLET

Je rêve d'un monde sain,
harmonieux, paisible, doux
et plein d'amour.

Maxime Beauséjour
9 ans

23 JUILLET

Je rêve que tous les enfants du monde vivent entourés de l'amour de leurs parents.

Marinoël Jetté
10 ans

24 JUILLET

Je te prie de déposer la paix dans le cœur des dirigeants politiques pour qu'ils pensent aux enfants.

David St-Georges
9 ans

25 JUILLET

Merci pour la tendresse que je
peux donner et celle que je reçois.
Merci pour cette tendresse qui
nous pousse à pardonner et à aimer
notre prochain.

Jean-Philippe Huard
12 ans

26 JUILLET

Viens aider ma famille.
C'est bien difficile
de vivre séparés.
Je te remercie pour les beaux
jours passés en famille car j'ai
senti ta présence, mon Dieu.

Annie Beauregard
10 ans

27 JUILLET

Je te prie pour que plus aucun
parent n'abandonne ses enfants.

Marinoël Jetté
10 ans

28 JUILLET

Aide-nous à comprendre ce qui nous arrive, car ce n'est pas toujours facile et nous avons tous besoin d'espoir.
Donne-nous l'envie d'y croire.

Pamela Poirier et Kim Fontaine
10 ans

29 JUILLET

Moi, mes souliers ont été guidés par toi, Seigneur. À chaque pas, ils m'ont permis de découvrir tes merveilles et me rappellent qu'il faut toujours aimer.

Daniel Ménard
11 ans

30 JUILLET

Fais que le soleil de ton amour
illumine mon cœur;
que l'eau de mon baptême
purifie ma parole;
que le feu de l'Esprit saint
réchauffe mes pensées;
et fais que je sois témoin de Dieu.

David Beaulieu
11 ans

31 JUILLET

Merci pour les plantes
et pour les animaux.
Grâce à eux,
ma vie est riche de plaisirs.

Stéphanie Boileau
10 ans

AOÛT

1ER AOÛT

Dans ma vie, j'ai connu des moments difficiles, mais mes amis m'ont donné de l'espoir. Ils ont dit:
«Viens avec nous!»
Merci d'en faire autant.

Frédérique Champagne
10 ans

2 AOÛT

Aide-moi à accepter
les différences
des autres à la maison et à l'école.
Aide-nous à découvrir
le bon et le beau
des gens qui nous entourent.

Véronique Therrien-Viens
9 ans

3 AOÛT

Fais descendre en chacun de nous
le courage et la tolérance pour que
règne l'égalité.

Magaly Adam
9 ans

4 AOÛT

Je me sens grande quand j'aide les autres. Tu dois être un géant parce que tu m'aides souvent. Apprends-moi à toujours continuer d'aider ceux qui m'entourent.

Lysanne St-Amour
11 ans

5 AOÛT

Je rêve qu'il y ait de la paix dans ma famille, que tout le monde s'aime et qu'on vive en harmonie.

Cindy Chadronnet
10 ans

6 AOÛT

Aide-moi à toujours prendre les bonnes décisions pour régler mes problèmes. Parfois, je ne réfléchis pas assez aux conséquences...

Justin Picard
10 ans

7 AOÛT

Toi qui vois la pauvreté que nous ne voulons point voir, aide-nous à ouvrir notre cœur à ces gens dans la misère, car ces gens sont aussi notre famille.

Sarah Dagenais-Dubé
9 ans

8 AOÛT

Moi, mes souliers me mènent
vers toi, Jésus.
Sois mon guide et ma lumière dans
ma vie de tous les jours.

Marie-Christine Langevin
10 ans

9 AOÛT

Il y a dans le monde tant de souffrance. Donne de l'espoir à ces gens, qui ont le droit, comme nous, d'avoir un avenir plein de promesses.

Alexandra Tremblay-Champoux
11 ans

10 AOÛT

Je fais le souhait que mes grands-
parents vivent très longtemps.
Accorde-leur la santé pour qu'ils
continuent d'être présents
dans ma vie.

Julien Guilbault
9 ans

11 AOÛT

Moi, mes souliers ont beaucoup marché dans la nature du Créateur. Sa beauté, sa paix, sa vie me donnent le goût de la respecter. Merci pour tant de générosité!

Éric Roy
12 ans

12 AOÛT

Je rêve que chacun soit calme et gentil dans ma famille, que chacun se préoccupe de l'autre avec tendresse. Regarde mon rêve, Seigneur.

Simon-Pierre Ducharme
9 ans

13 AOÛT

J'ai envie d'y croire, même si c'est difficile… Quand il pleut dans mon cœur, je m'accroche à toi et le soleil de l'espoir apparaît.

Christine Bergeron-Verville
9 ans

14 AOÛT

Une famille se compare
à une fleur et ses pétales.
Chaque pétale représente un
membre de la famille.
Seigneur, fais que cette fleur
ne fane jamais.

Carl Landry
11 ans

15 AOÛT

Seigneur, je fais le rêve pour moi-même d'avoir plus de tolérance envers mes amis à l'école ainsi qu'envers mon frère et ma sœur à la maison. Apprends-moi comment réaliser mon rêve.

Patrice Laurin
10 ans

16 AOÛT

Viens vers moi
et comble mon cœur d'amour.
Amène-moi plus loin dans la vie.
Merci pour tout ce que
tu me donnes.

Anne-Marie Décarie
9 ans

17 AOÛT

Ami, depuis que je te connais
comme un Dieu d'amour,
tu m'as redonné un souffle d'espoir
pour me mettre en route
avec tous mes frères humains.

Sophie Patenaude
11 ans

18 AOÛT

Où est la tendresse? Est-elle dans
mon cœur ou dans mes yeux?
Comment la trouver?
La tendresse, je la cherche.
Aide-moi à la découvrir
parmi tous mes amis.

Sébastien Dionne
10 ans

19 AOÛT

Dieu, ma merveilleuse famille que j'aime est aussi la tienne.
Fais qu'elle reste unie et qu'il y ait toujours de l'amour à partager entre nous.

Julie Fraser
11 ans

20 AOÛT

Donne-moi la confiance pour
m'aider à aimer et à partager
avec les gens qui m'entourent.
Esprit saint, aide-moi.

Élizabeth Dionne
10 ans

21 AOÛT

Je rêve qu'il y ait la paix dans le monde, que les pauvres mangent à leur faim et qu'ils aient eux aussi une bonne maison.

Alexandre Messier-Borduas
10 ans

22 AOÛT

Je rêve que les autres me
respectent comme je suis,
qu'ils soient doux
et tolérants envers moi.
Entre dans le cœur des gens pour
que mon rêve se réalise.

Chloé Forest-Fafard
9 ans

23 AOÛT

Donne-moi la force de rendre
service et d'aimer
les autres, même quand je n'ai pas
le goût de le faire.

Mathieu Durette
9 ans

24 AOÛT

Moi, mes souliers me rapprochent
de toi, Seigneur.
Aide-moi à mieux t'aimer et à
aimer les autres. Ainsi, je pourrai
arriver jusqu'à toi.

Isabelle Duguay
11 ans

25 AOÛT

Tu embellis mon cœur de la paix,
de la joie et de la douceur.
Tu me donnes la force de t'écouter
et de profiter de ton amour.

Tanya Fillion
9 ans

26 AOÛT

Donne l'enthousiasme à ceux qui
veulent prendre soin du monde.

Maxime Forest
10 ans

27 AOÛT

Toi, tu tolères toujours tout
parce que ton cœur
est sans limites.
Mais, moi aussi,
je veux être comme toi,
même si c'est parfois difficile.

Marie-Ève Laflamme
11 ans

28 AOÛT

Quand je décroche, toi, tu
t'approches et tu me dis:
«Le bonheur est à l'intérieur».
Soudain, ma vie est remplie d'une
paix infinie.

Paméla Beaulieu-Dupuis
10 ans

29 AOÛT

Moi, mes souliers, Seigneur,
désirent suivre tes pas dans le
sentier de la vérité, le sentier du
pardon, le sentier de la paix.
Éclaire-moi!

Annie Ducasse
10 ans

30 AOÛT

Merci, Seigneur, de me donner
la force de visiter les malades
et les aînés.
En les côtoyant, je suis la clé de
tendresse qui ouvre la porte de
leur solitude.

Sylvain Marcoux
12 ans

31 AOÛT

Je sais que je m'écarte parfois du droit chemin mais je sais aussi que tu es là et que tu m'aides à y revenir. Ne m'abandonne pas.

Andréane Sauvé
9 ans

1ER SEPTEMBRE

Je rêve qu'il n'y ait plus de guerres, plus de batailles, plus de taxage. Je veux qu'il y ait la paix partout.

Éric Séguin
9 ans

2 SEPTEMBRE

Apprends-moi à garder l'espoir
pour les jours où il va pleuvoir.

Vanessa Aucoin
9 ans

3 SEPTEMBRE

Je rêve d'avoir le courage de réussir ma vie dans la plus grande sagesse. Donne-moi la passion nécessaire pour réaliser mes rêves.

Jérémie Labine
9 ans

4 SEPTEMBRE

Merci, Jésus, de marcher
à mes côtés.
Aide-moi à croire avec fermeté,
à espérer avec joie
et à aimer à ta manière.

Sébastien Griggs
10 ans

5 SEPTEMBRE

Moi, mes souliers ont suivi le
chemin de l'amitié,
du partage, du pardon.
Sur mon chemin de misère, tu étais
avec moi au tournant de la route.

Lucie Laramée
11 ans

6 SEPTEMBRE

Donne-moi le fruit de ton
amour pour le déguster
et le donner aux
autres afin qu'à leur tour ils
puissent le savourer.
Merci, Seigneur.

Alexandre Duval
10 ans

7 SEPTEMBRE

Toi qui es amour et bonté,
donne-moi la force d'aider
les plus démunis pour que demain
soit jour de joie et de paix.

Christian Bart
11 ans

8 SEPTEMBRE

Là où l'homme connaît la misère,
fais-lui connaître le bonheur.
Fais disparaître la vengeance qui
gronde dans le fond de son cœur
car la vie est trop belle pour
perdre sa valeur.

Hugo Hamel
11 ans

9 SEPTEMBRE

Je te demande de bénir toute ma famille, de la protéger et que la paix règne dans la grande famille des chrétiennes et des chrétiens.

Suzy Ringuette
11 ans

10 SEPTEMBRE

Merci de m'accueillir
comme je suis,
de m'écouter
et de me réconforter.

Isabelle Landry
10 ans

11 SEPTEMBRE

Je sais que la vérité
est la meilleure voie.
Quand je suis franc, je suis fier,
même si ça fait parfois mal!
Aide-moi à ne jamais mentir.

Pascal Deschènes
9 ans

12 SEPTEMBRE

Aide-moi à garder l'espérance
quand un trou noir se présente.
Donne-moi le courage et la force
de me battre pour poursuivre, puis
renaître chaque fois.

Sabrina Trudel
9 ans

13 SEPTEMBRE

Donne-moi ta recette infaillible
pour pardonner aux autres.

Jade Charest
9 ans

14 SEPTEMBRE

Toi, qui es juste et bon, j'espère
de tout mon cœur que tu vas
pardonner mes manques d'amour.

Michaël Bussière
10 ans

15 SEPTEMBRE

Fais de moi un être
plus tolérant, capable d'aimer
tous ceux que tu mets sur mon
chemin, capable de ne pas les
juger selon leur apparence
extérieure.

Marie-France Stagg
10 ans

16 SEPTEMBRE

Moi, mes souliers ont marché sur le chemin de la faiblesse et tu m'as donné la force de me relever.

Nathalie Vallières
11 ans

17 SEPTEMBRE

Mon père, aide-moi à marcher
dans les sentiers du vrai bonheur,
à aimer ceux que je n'aime pas,
à pardonner à ceux qui m'ont fait
du mal, à aider ceux
qui ont besoin de moi.

Isabelle Dufour
12 ans

18 SEPTEMBRE

Dans ma boîte à lunch, j'ai
besoin d'amour, d'amitié, de
partage, de générosité
et de courage.
Donne la paix à tous les humains
et nourris-les.

Karl Marin
10 ans

19 SEPTEMBRE

Toi, qui remplis mon cœur d'amour
et d'amitié,
ouvre-le afin de mettre cet amour
au service des autres.

Fanny Richard
11 ans

20 SEPTEMBRE

Fais de nous des
instruments de paix.
Fais régner la joie dans le monde.
Fais des pays pauvres des pays
d'amour et de joie.
Que les guerriers arrêtent
de se battre.

Olivier Naud
11 ans

21 SEPTEMBRE

Mon cœur te demande
pour déjeuner une tartinade
d'amitié, pour dîner une soupe de
tendresse et de courage, pour
souper, un potage de paix
et d'attention.

Karl Bérard-Leduc
10 ans

22 SEPTEMBRE

Vous qui croyez que tout meurt en
automne, détrompez-vous.
Toutes ces couleurs qui naissent
sont le signe le plus évident
de la vie.
Merci pour tout cela.

Véronique Allain
10 ans

23 SEPTEMBRE

Je veux devenir robuste comme un tronc d'arbre, épanoui comme une feuille d'automne, vrai comme de l'eau de roche et souriant comme le soleil qui nous réchauffe.
Aide-moi à suivre ta route!

Sébastien Demers
12 ans

24 SEPTEMBRE

J'ai marché sur le chemin de la
faiblesse, et tu m'as relevé.
J'ai eu de la tristesse
et tu m'as réjoui.
C'est pourquoi tu es précieux.
Je t'aime, Seigneur.

Frédéric Poulin
11 ans

25 SEPTEMBRE

Ma joie est grande parce que
je sais que tu es sur le même
chemin que moi.
J'aurai toujours de l'espérance
car ton Esprit me guidera.

Madeleine Beaudry
11 ans

26 SEPTEMBRE

Donne-moi la force d'affronter les obstacles et les problèmes de tous les jours. Aide-moi à pardonner et dirige-moi dans l'amour et la paix.

Julie Dugas
11 ans

27 SEPTEMBRE

Quand je vais dans les bois et que les feuilles multicolores tourbillonnent, je vois que c'est l'automne et que la nature s'endort dans ta paix. Merci.

Dominic Dyotte
9 ans

28 SEPTEMBRE

Toi, qui enseignes la douceur,
répands ton amitié dans les cœurs.

Marc Larivière
9 ans

29 SEPTEMBRE

Je te remercie pour ton aide.
Quand je suis en situation de
difficulté, tu es toujours là
pour me soutenir, ce qui m'apporte
de la joie.

Valérie Caron
10 ans

30 SEPTEMBRE

Fais de moi un arc-en-ciel
de lumière.
Que je donne l'amour aux
handicapés, aux vieillards,
aux démunis.
Que je pardonne aux personnes
qui me blessent.
Que je partage ma joie avec mes
parents et mes amis.

Mélanie Lafleur
11 ans

1ER OCTOBRE

Quand je me sens seul, quand je ne
sais quoi faire... donnez-moi
l'espoir, donnez-moi le courage
de persévérer.

Patrik Cotton
12 ans

2 OCTOBRE

Seigneur, vous êtes un artiste.
Vous avez peint l'automne de
couleurs chaudes comme
votre amour.
C'est une saison d'amour et de
partage. Merci pour cette œuvre.

Marie-Christine Taillefer
9 ans

3 OCTOBRE

Moi, mes souliers ont marché sur le gravier, se sont salis, usés pour aller vers les autres.
Merci de m'avoir montré le chemin de l'amour et du partage.

Steve Mitchell
10 ans

4 OCTOBRE

Guéris ma gêne à dire je t'aime.

Keven Ethier
9 ans

5 OCTOBRE

Mon grand rêve, c'est de réussir
ma vie. Donne-moi, comme toi, la
passion de la vie pour que je
réussisse pleinement
tout ce que j'entreprends.

Alexandre Michaud
9 ans

6 OCTOBRE

Tu es mon père, tu es mon Dieu.
Tu resteras à jamais gravé
dans mon cœur.

Josée Racicot
9 ans

7 OCTOBRE

Aide-moi à pardonner
à mes semblables pour
que ma vie soit rassasiée de paix.

Maxime Roy-Lafortune
9 ans

8 OCTOBRE

Je te remercie pour les
différences que je découvre
chez les autres.
C'est toi qui as déposé ces
richesses dans
leur personne pour bâtir
un monde meilleur.

Isabelle Dupont
10 ans

9 OCTOBRE

Donne-moi l'espoir, car l'espoir est comme une bombe à retardement de joie... Quand elle explose, elle affecte beaucoup de monde et ne laisse personne indifférent.

Francis Papineau
12 ans

10 OCTOBRE

Les couleurs flamboyantes des feuilles d'automne sont bonheur pour les yeux. Merci pour cette merveilleuse saison.

Martin Brière
9 ans

11 OCTOBRE

Je rêve d'un monde nouveau,
d'un monde sans guerre,
d'un monde sans pauvreté,
d'un monde avec des gens heureux.

Roch Morin
10 ans

12 OCTOBRE

Merci pour le bonheur que tes
saisons m'apportent chaque jour.

Marie-Josée Martin
10 ans

13 OCTOBRE

J'apprécie mes parents. J'ai hésité, ils m'ont encouragé. J'ai réussi, ils m'ont félicité. Je suis tombé, ils m'ont donné la main.

Kevin Landry
9 ans

14 OCTOBRE

La tendresse est une caresse qui
guérit mes faiblesses.
Merci pour les personnes qui me
donnent tant de bonheur.

Jean-François Massicotte
9 ans

15 OCTOBRE

Merci d'être venu sur la Terre et
de nous avoir appris des gestes
d'accueil et de compassion.

Christelle Bérubé
9 ans

16 OCTOBRE

Moi, mes souliers...
Merci de nous avoir donné
ce grand ami.
Ses chansons et ses poèmes
ensoleillent nos journées.
Lui, Félix, était une de tes
merveilles.

Catherine Sauvé
11 ans

17 OCTOBRE

Tu me fais grandir dans ton amour.
Tu es toujours présent dans les
moments sombres de ma vie.
Tu es mon réconfort.
Tu es mon espoir infini.

Sandra Léveillé
10 ans

18 OCTOBRE

J'ai besoin de toi pour répandre la
joie dans les cœurs.
Guide mes pas
dans le chemin du bien.
Ouvre mon cœur
quand il est dans la noirceur et
fais que la paix règne sur la Terre.

Marie-Pierre Côté
12 ans

19 OCTOBRE

Mon cœur a faim et soif de paix.
Aide-moi à faire provision de
bonté et de tolérance pour que ma
vie soit comblée de joie.

Bruno-Pierre Loyer
9 ans

20 OCTOBRE

Merci de m'avoir donné une maman
qui me soutient et me console
quand j'ai de la peine.

Keven Elhier
9 ans

21 OCTOBRE

Je rêve chaque soir de revoir mon père parce que je l'aime beaucoup. Fais qu'il pense à moi et mon rêve se réalisera.

Vanessa Hénault
10 ans

22 OCTOBRE

Tu as préféré servir plutôt que
d'être servi.
Donne-nous d'aimer et de servir,
comme tu l'as fait.

France Plourde
11 ans

23 OCTOBRE

J'aimerais que tous les enfants sur Terre partagent ton amour et sachent que tu es toujours là pour eux.

Sébastien Petit
9 ans

24 OCTOBRE

Mon cœur est votre maison.
Je vous aime beaucoup.

Yannick Forget
10 ans

25 OCTOBRE

Apprends-moi à être généreux,
à ouvrir mon cœur
pour te servir, toi,
et ceux qui sont dans le besoin.
Guide-moi dans cette mission.

Philippe Privé
11 ans

26 OCTOBRE

Veille sur ma grand-mère. Quand
elle me serre dans ses bras, j'ai
l'impression d'être dans les tiens.

Laurence Lebrun-Julien
10 ans

27 OCTOBRE

Tu sais, parfois je ne suis
pas aussi tolérante que toi.
J'ai de la difficulté à faire
attention aux autres.
Veux-tu m'aider à les aimer?

Valérie Lacasse
10 ans

28 OCTOBRE

Tu es mon étoile.
Que je voudrais me laisser éclairer
par ta resplendissante lumière!
Tu es aussi mon guide, et je veux
continuer ma route avec toi.

Isabelle Aylwin
11 ans

29 OCTOBRE

Quand je prends ma sœur,
je sais que tu es là!
Ta douceur me donne des frissons
et me comble d'émotion.

Marie-Aude Boyer-Tessier
10 ans

30 OCTOBRE

Je rêve qu'il n'y ait plus de souffrance sur la Terre. Je te demande de donner force et courage à tous ceux qui souffrent.

Anne-Frédérick Robillard
9 ans

31 OCTOBRE

Tous les enfants célèbrent
l'Halloween aujourd'hui,
pour se rappeler les morts
et ceux qui sont à tes côtés.
Prends soin de leurs âmes.

Patrick Duboeuf
10 ans

NOVEMBRE

1ER NOVEMBRE

Quand il commence à faire froid,
je pense aux pauvres
et aux sans-abri.
J'aimerais qu'on leur vienne
en aide.
Que ta bonté se répande
dans le cœur des hommes.

Evelyne St-Michel
10 ans

2 NOVEMBRE

Purifie mon cœur d'amour car je ne suis pas toujours un petit amour. Aide-moi à suivre le droit chemin dans la vie.

Sébastien L. Perron
10 ans

3 NOVEMBRE

Tu es présent dans mon cœur et
tu m'aides à prendre des décisions.
Dans les moments les plus tristes,
je sais que je peux
me confier à toi.

Nathalie Dinelle
10 ans

4 NOVEMBRE

Comme le soleil, tu nous éclaires
et nous inspires.
Comme la lune, tu es le reflet de
toute bonne chose.
Comme l'eau, tu es clair et frais.
Comme le feu, tu nous réconfortes.
Merci, Créateur.

Pascal Ménard
12 ans

5 NOVEMBRE

Quand je suis allée à ton marché,
Seigneur, j'ai rapporté
dans mon panier la joie, la paix
et le pardon pour bien
nourrir mon cœur chaque jour.

Valérie Lechasseur
9 ans

6 NOVEMBRE

Moi, mes souliers ont marché;
ils ont fait un beau grand rêve;
ils veulent, Seigneur, que tous les
souliers de la Terre marchent dans
la paix et l'amour.

Annick Demange
11 ans

7 NOVEMBRE

Ta force m'accompagne
chaque jour.
Ton amour m'aide à accepter les
autres dans leurs différences.
Ta sagesse me guide vers les
vraies valeurs.

Émilie Parent
10 ans

8 NOVEMBRE

Que le bonheur, la paix et
l'harmonie nous habitent à jamais.

Louis-Phylip Coutu-Chartier
9 ans

9 NOVEMBRE

Tu m'éclaires quand je suis dans le noir. Quand je suis en manque d'amitié, tu m'en offres. Merci.

Mathieu Bertrand
9 ans

10 NOVEMBRE

Tu marches à mes côtés.
Quand j'ai peur,
tu me réconfortes;
quand je suis triste,
tu me consoles; quand je suis
blessé, tu me soignes.

Dave Leclerc
11 ans

11 NOVEMBRE

Donne-nous l'espoir et la force de mettre fin aux guerres, à la violence et à l'injustice. Il est si bon de vivre dans la paix.

Annie A.-Bélanger
10 ans

12 NOVEMBRE

Tu m'écoutes quand j'ai besoin de toi, quand j'ai du chagrin, quand j'ai des secrets. Merci.

Nancy Boucher
9 ans

13 NOVEMBRE

Je te demande de m'aider à mieux
écouter les autres et à les aimer.
J'aimerais prendre exemple sur
mère Teresa pour mieux te servir
avec les pauvres.

Caroline Dionne
11 ans

14 NOVEMBRE

Réconcilie les personnes
qui font la guerre
et mets de la tendresse
dans leur cœur.
Remplace la haine par l'amour.

Jessy'Ka Disei Ménard
9 ans

15 NOVEMBRE

Prends bien soin de maman
et de papa.

Audrey Lanoix
9 ans

16 NOVEMBRE

Aide-moi à changer
pour que je devienne plus
tolérant envers mes amis.
Je sais que c'est difficile mais,
grâce à ton amour, rien n'est
impossible. Merci!

Éric DeCotret
10 ans

17 NOVEMBRE

Le carré de l'amour:
Une tasse de pardon
Une demi-tasse de vérité
Une tasse de tolérance
Trois tasses d'amour.

Olivier Grégoire
10 ans

18 NOVEMBRE

Donne-moi le goût d'aimer les autres. Que cet amour vienne habiter mon cœur.

Joannie Laurin
10 ans

19 NOVEMBRE

Je t'aime pour avoir envoyé sur Terre ma grand-mère qui m'a donné tant de tendresse mais qui est maintenant présente à tes côtés. Prends-en bien soin.

Joannie Mélançon
10 ans

20 NOVEMBRE

Je veux un monde plus beau, un
monde où il n'y a pas de violence,
pas de racisme, pas de guerre
ni de misère.

Caroline Savage-Lafortune
10 ans

21 NOVEMBRE

Viens vers moi. Donne-moi la force dont j'ai besoin pour aller à l'épicerie du cœur, pour déposer du sucre d'espoir partout où je vais.

Marie-Andrée Côté
9 ans

22 NOVEMBRE

Je te remercie de ton amour,
de ta confiance, de ton pardon
et surtout de ton aide.
Tu es bon et j'aime te dire mes
secrets les plus gros.

Mylène Beaulac
10 ans

23 NOVEMBRE

Apporte-moi la joie de vivre
et le désir d'accomplir de grandes
choses qui bénéficieront
à tout le monde.

Sandrine Robidoux
9 ans

24 NOVEMBRE

Tu m'as donné espoir et j'ai réussi
à chasser mon désespoir.
Maintenant, continue de remplir
mon cœur, pour qu'à mon tour
je puisse aider les autres.

Stéphanie Turcotte-Cité
10 ans

25 NOVEMBRE

Je te remercie de m'écouter
quand je te prie.

Isabelle Gagnon
10 ans

26 NOVEMBRE

Je prie pour que la paix se répande sur Terre et que tous les hommes, femmes et enfants vivent en harmonie, sans guerre et sans violence.

Marjolaine Picher
10 ans

27 NOVEMBRE

Je me sens bien
quand nous rions en famille.
Je sens beaucoup d'amour lorsque
nous parlons ensemble. Et je sens
ta présence lorsque, au coucher,
je te dis «merci».

Julie Poulin
9 ans

28 NOVEMBRE

Toi qui es tolérant envers
les autres, qui nous acceptes
comme nous sommes, qui nous
comprends et surtout qui nous
respectes, aide-nous à être
tolérants à notre tour.

Laurence Blanchet
9 ans

29 NOVEMBRE

Recette magique:
Un peu de générosité,
Beaucoup de politesse,
De la patience.
Saupoudrez tout ça d'amour.

Dave Longpré
10 ans

30 NOVEMBRE

Même si mes parents sont divorcés, Seigneur, je rêve qu'ils puissent se parler gentiment et calmement. Tu es si bon, mets la douceur dans leur cœur.

Marie-Pier St-Amour-Désilets
9 ans

DÉCEMBRE

1ER DÉCEMBRE

Je te dis merci pour la blancheur
de l'hiver cotonneux.
Merci pour cette neige qui nous
rapproche les uns des autres pour
de multiples activités.
Merci, Seigneur.

Rock Picard
11 ans

2 DÉCEMBRE

Moi, mes souliers ont la couleur de
mon cœur: bleu pour les miséreux,
gris pour les incompris.
Seigneur, laisse-les-moi pour
semer la joie.

Kathy Ducasse
12 ans

3 DÉCEMBRE

Je voudrais un monde plus beau,
sans guerre, sans racisme
et sans pauvreté.
Fermer les yeux et imaginer un
monde d'amitié et d'amour,
ce serait vraiment extraordinaire.

Jean-Christophe Deslauriers
10 ans

4 DÉCEMBRE

Ouvre mon cœur
à toute la misère du monde
pour que je puisse partager
et aimer, comme toi tu nous aimes.

Karine Sigouin
11 ans

5 DÉCEMBRE

Donne-moi la force d'améliorer ma bonté pour les autres.
Que je sois capable d'aimer et d'aider ceux qui sont blessés.

Jacinthe Malenfant
9 ans

6 DÉCEMBRE

Aide-moi à accepter mon handicap
et aide-moi à tolérer les gens
qui rient de moi lorsqu'ils me voient
marcher dans la rue.
Pardonne-leur.

Mélissa Caty
10 ans

7 DÉCEMBRE

Mets dans nos cœurs
un esprit de paix.
Mets dans nos cœurs une lueur
d'espoir; pour qu'un jour, nous,
les jeunes, puissions vivre
dans un monde où règne
l'harmonie parfaite.

Cathy Bordeleau
11 ans

8 DÉCEMBRE

Avec toi, je ferai un beau voyage
même si la route est mauvaise,
car tu seras toujours avec moi.

Marie-Andrée Bélanger
10 ans

9 DÉCEMBRE

En te priant, j'apprends à t'aimer.
En t'aimant, j'apprends
à aimer les autres.
En aimant,
je bâtis un monde d'amour.
Je réalise ta volonté.
Sois mon soutien.

Sébastien Thibeault
12 ans

10 DÉCEMBRE

Tu m'as donné une famille
avec beaucoup plus qu'un père
et une mère.
Tu m'as donné une famille unie par
les liens de ton amour.

Renée Gaudet
11 ans

11 DÉCEMBRE

Je rêve qu'on s'aime toujours aussi fort et que tu sois toujours là, présent dans notre cœur.

Audrey-Anne Cyr
9 ans

12 DÉCEMBRE

Une petite prière pour te demander de prendre soin de ma famille, de ceux que j'aime et de mon chien aussi.

Alexandra Letarte
9 ans

13 DÉCEMBRE

Apporte de la chaleur dans le cœur
de ceux qui souffrent.
Ne tolère pas que tes enfants
soient malheureux.

Geneviève Archambault
9 ans

14 DÉCEMBRE

Je te demande de déposer
gentillesse et douceur dans le
cœur des parents pour qu'ils
pensent à leurs enfants.

Catherine Vaudeville
9 ans

15 DÉCEMBRE

Continue d'inspirer les artistes afin qu'ils apportent de la couleur au monde entier.

Danny Lajoie
10 ans

16 DÉCEMBRE

Je me sens bien de savoir
que tu veilles sur moi quand je dors
et que tu veilles sur tous les
enfants du monde.

Maxime Duclos
9 ans

17 DÉCEMBRE

Nous oublions trop souvent ceux qui vivent dans la pauvreté et la tristesse. Aide-nous à ouvrir notre cœur pour aider et écouter les plus démunis.

Steve Bouthillier
12 ans

18 DÉCEMBRE

Quand je serai grande, j'espère avoir une grande famille avec beaucoup d'animaux. Le monde sera bienvenu chez moi.

Carolane Major
9 ans

19 DÉCEMBRE

Je rêve que tous les petits enfants,
comme les adultes,
reçoivent au moins un cadeau
à Noël.

Mélanie Dignard
9 ans

20 DÉCEMBRE

Tu tiens le monde dans tes mains.
Tu tiens ton cœur et puis le mien.
Rassemble-nous dans ton amour.

Roxane Poissant
10 ans

21 DÉCEMBRE

Conduis-moi
vers un chemin d'espérance
et de joie dans ce monde.
Amène-moi comme un pèlerin
sur la route vers un monde meilleur.

Patrice Tremblay
11 ans

22 DÉCEMBRE

Esprit saint, toi qui m'as été donné
pour que je sois un bon chrétien
et que j'accomplisse
le message de Dieu,
aide-moi à être un bon témoin.

Marie-Isabelle Nadeau
9 ans

23 DÉCEMBRE

Je suis heureuse de m'endormir,
fière d'avoir pu aider
quelqu'un aujourd'hui.
J'espère que demain j'aurai encore
la chance d'aider.

Marie-Ève Lebrun

9 ans

24 DÉCEMBRE

En cette nuit où tu es né,
le monde se réjouit.
J'aimerais que l'on te fête
tous les jours
Parce que tu es présent
tous les jours.

Marie-Michelle Bradson
9 ans

25 DÉCEMBRE

Merci, Jésus, pour la merveilleuse saison d'hiver qui me fait penser à ta naissance et qui me permet de revoir enfin ma famille unie à Noël.

Jonathan Théorêt
10 ans

26 DÉCEMBRE

Apporte la foi aux malades pour
qu'ils guérissent.
Je sais qu'ils peuvent s'en sortir.

Guillaume Simon
9 ans

27 DÉCEMBRE

Aide-moi à ouvrir
mon cœur aux autres
afin de mieux servir ton amour.
Apprends-moi l'entraide
et le partage
pour bâtir un monde meilleur
et plus humain.

Annie St-Arnaud
12 ans

28 DÉCEMBRE

Seigneur Jésus, je t'envoie une rafale de mercis pour cette saison magnifique, oui, une rafale de mercis comme la tempête qui nous enveloppe pendant la saison hivernale.

Sonia Haché
11 ans

29 DÉCEMBRE

Aide-nous à nous aimer les uns les
autres sur la route.
Que l'amour, la justice et la paix
règnent dans les familles
et dans le monde.

Christine Donagani
10 ans

30 DÉCEMBRE

Viens bénir notre grande famille.
Fais que la famille
soit une histoire de cœur
et non une histoire de haine.
Fais que la famille
soit unie à jamais.

Josiane Hamel
9 ans

31 DÉCEMBRE

Ce soir, c'est la veille d'une
nouvelle année.
Maman dit que je dois prendre de
nouvelles résolutions,
alors, j'espère que tous les enfants
seront réunis avec toi
par une petite prière chaque soir.

Caroline Lebel
11 ans

LA CONFÉRENCE
DE PASTORALE
SCOLAIRE

La conférence de pastorale scolaire existe depuis le 14 octobre 1978. Elle regroupe les animateurs et les animatrices de pastorale dans les écoles primaires et secondaires du Québec. Sa mission est de concourir, avec les autorités civiles et religieuses compétentes, au développement de la pastorale en milieu scolaire. Elle assure la mise en œuvre des activités pastorales en lien avec le projet éducatif d'une école et assiste ses membres dans l'exercice de leur mandat.

Depuis une dizaine d'années, afin de promouvoir la prière personnelle chez les jeunes, la CPS organise le concours «Promotion-Prières»
Le présent ouvrage constitue un recueil des prières choisies au cours des dernières années.

Roland Leclerc,
prêtre

MA PRIÈRE

MA PRIÈRE

——— MA PRIÈRE ———